Lucia Memmi - Lucia Santucci
Christophe Lazé - Marie-Paule Cadieu

Mon premier dictionnaire Français - Corse en images

Préface de Ghjuvan Maria Arrighi

Da Andréa, Ghjuliana, Antone, Ghjuvan Maria, Ghjulia è Lisa Maria
è da tutti per ch'ella sia a lingua u so teni core.
L. M. & L.S.

EDITIONS JEAN-PAUL GISSEROT

La langue et la culture corses

Comme les autres langues romanes, le corse est issu du latin, tel qu'il a été transformé par des peuples qui parlaient auparavant des langues différentes. En Corse, le "prélatin" a laissé de faibles traces dans le vocabulaire et les noms de lieux, mais le corse actuel est avant tout latin, et très proche de ses origines. Développé sur place, il a eu pendant au moins un millénaire des échanges permanents avec une langue parente plus répandue, le toscan, base de l'italien officiel d'aujourd'hui.

Jusqu'à l'implantation française en Corse, l'italien y était langue écrite, littéraire et officielle, et le corse apparaissait à ses utilisateurs comme la forme parlée et populaire de la même langue. Au cours du XIXe siècle, l'Etat a entrepris une politique systématique de diffusion du français qui a privé l'italien de son rôle traditionnel. Dès lors, le corse a été conduit à s'affirmer progressivement comme langue à part entière, en occupant à son tour le domaine de l'écrit. Ce processus a duré une centaine d'années : premier texte imprimé en 1817 dans la *Dionomachia* de Viale, premier journal traitant de tous les sujets en langue corse en 1896 avec *A Tramuntana,* affirmation culturelle massive et entrée dans l'enseignement vers 1970-80. Parallèlement, l'usage quotidien de la langue était en régression, avec l'effondrement de la société rurale dont elle était l'expression naturelle, le poids de l'école et l'attrait du fonctionnariat où la "langue du pain" était le français.

Les années 70 ont marqué une prise de conscience des dangers qui pesaient sur la culture traditionnelle et la langue. Alors s'est engagé un véritable renouveau de la recherche sur la Corse et de la production en langue corse, dans le domaine de

la littérature, du théâtre, et surtout du chant, avec la constitution de nombreux groupes, dont certains ont acquis une renommée internationale. On peut considérer que, paradoxalement, le corse, moins employé dans la vie de tous les jours, est devenu alors la langue de la création culturelle.

Dans le domaine de l'enseignement, le corse entre dans le cadre

des lois sur les "langues régionales", mais bénéficie de décisions supplémentaires. L'Etat s'engage à proposer, dans tous les établissements de tous les niveaux, un enseignement de trois heures hebdomadaires. Encore imparfaitement réalisée dans le premier degré, cette décision a son plein effet dans l'enseignement secondaire. En 6e et 5e, depuis 1999, le corse est prévu à l'emploi du temps de toutes les classes, et étudié par 76% des élèves. À remarquer, également, le rapide développement de l'enseignement bilingue et le succès d'expériences rattachant l'enseignement du corse à celui de langues étrangères romanes (italien, espagnol), et de la langue dont elles sont issues, le latin.

Le corse a fait le choix de ne pas se donner une forme "standard" officielle, que rien ne permettait

d'établir. Il se définit comme la somme de ses parlers, comme "langue polynomique". Si l'orthographe est unifiée, toutes les formes du corse ont une égale dignité, dans la littérature comme dans l'enseignement. Les faibles différences existantes n'empêchent nullement les Corses de se comprendre.

Quelques particularités de la langue :

Le corse présente des traits communs à l'ensemble de l'"italo-roman", et la "grande" langue la plus proche est l'italien. Mais il a aussi bien des aspects originaux. Les mots masculins ont le plus souvent un singulier en u et un pluriel en i, les mots féminins un singulier en a et un pluriel en e. Les suffixes sont très nombreux et leur emploi remplace souvent celui des adjectifs. Les verbes se conjuguent sans pronom sujet obligatoire. Des temps devenus rares en français, comme l'imparfait du subjonctif ou le passé simple, restent normalement usités. Certains points de la syntaxe reflètent le statut de langue populaire qui a longtemps été celui du corse. L'ordre des mots dans la phrase est libre, ce qui permet d'introduire de nombreuses nuances. L'ordre verbe-sujet est très fréquent. Le corse emploie souvent des verbes d'action là où le français préfère des noms abstraits.

Culture :

Dans la société traditionnelle, l'individu était inclus dans des cercles successifs : la famille élargie (sterpa) susceptible d'affronter des familles rivales dans de longs conflits armés (vendette) ; ensuite la communauté villageoise, la pieve (canton), enfin l'île entière, "corps primitif" à défendre contre le monde extérieur. Les activités dominantes étaient agricoles et surtout pastorales, et de nombreux travaux s'effectuaient en commun. La vie politique, structurée par la lutte entre deux "clans", semblables et ennemis, revêtait une énorme importance. À tous les événements de la vie quotidienne se rattachait une riche production de littérature orale. Elle exprimait toute la vie humaine, de la berceuse (nanna) à la lamentation funèbre (voceru ou lamentu) en passant par les sérénades, les chants de travail ou la chanson politique.

La vie quotidienne des Corses a profondément changé : en majorité, ils résident aujourd'hui dans les deux villes principales et sur la côte. Cependant, dans les mentalités, les références à la famille, au village, à la terre restent essentielles. Elles n'empêchent pas l'acceptation consciente d'une modernité que l'on s'efforce d'adapter aux réalités corses.

Littérature :

Le corse écrit fait d'abord son apparition dans de brefs textes inclus dans des œuvres en italien. On le retrouve ensuite dans des œuvres comiques ou populaires, comme celles de Monseigneur de la Foata, tandis que le français ou l'italien restent les moyens d'expression des auteurs à ambitions plus hautes. Dans le cours du XIXe siècle, la langue s'impose dans tous les domaines de l'écriture. Si la poésie est dominante, des textes en prose, narratifs ou analytiques, apparaissent aussi. Cette littérature, souvent conformiste, reflète généralement les valeurs de la société rurale traditionnelle. Le début du XXe marque des contacts plus nets avec les grands courants de la littérature européenne, avant tout française et italienne. Dans cette période, un rôle essentiel est joué par des revues, à la fois littéraires et politiques. Enfin, l'époque contemporaine voit une étonnante floraison, avec d'abord une poésie de niveau international (Franchi, Fusina, Coti…). Si les publications y sont moins nombreuses, la prose a acquis aussi une qualité remarquable. Plusieurs romanciers sont apparus (Thiers, Casta, Marcellesi…) et des auteurs nombreux participent aux concours de nouvelles. Dans le théâtre s'est aussi imposée une production très diverse. Dans tous ces cas, la valeur des œuvres se heurte au grave problème de la diffusion. La question de la traduction, comme pour toutes les langues "moins répandues" est donc très présente.

Ghjuvan Maria Arrighi
Inspecteur pédagogique régional de langue et culture corses.

a

une autruche
un astruzzu

une anguille
una anguilla
o un'anguilla

une abeille
una apa
un'apa

un aigle
una acula

une ancre
una ancura

un agneau
un agnellu

un arbre
un arburu

une algue
una alica

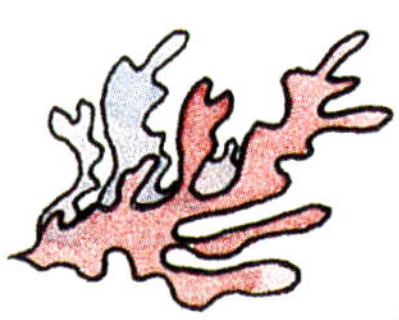

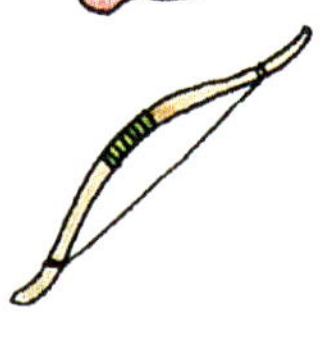

un arc
un arcu

une amande
una amandula

AIMER tene caru

ALLER andà

ACHETER cumprà

L'avion arrive à Ajaccio.

L'aviò ghjunghje in Aiacciu.

L'âne mange du foin avec appétit.

U sumere hé bramosu di fenu.

À TABLE à tavulinu

une baleine
una balena

une bague
un anellu

une balance
una bilancia

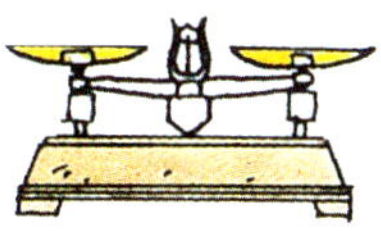

un bulldozer
un buldoseru

une belette
una bellula

une brebis
una pecura

un balai
una spazzula

une boussole
una bussula

un bébé
una criatura
o un ciucciu

une balançoire
un manganiolu

une bicyclette
una bissicletta

BALAYER Spazzà

BAVARDER Chjachjarà

Les joueurs de boules sont bien bavards.

Quant'elli dicenu i ghjucatori di bucce.

BOIRE Beie

Le blé de Noël a bien poussé.

U granu di Natale hè bellu crisciutu.

AU BORD DE LA MER In tagliu di mare *ou* à orlu di mare.

C

un canon
un cannone

un crayon
una mina

un cartable
un cartulaghju

un crapaud
un ruspu

une coccinelle
una vulavulella

une châtaigne
una castagna

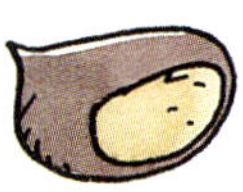

une chouette
una malacella

une cloche
una campana

une cigale
una cicala

un camion
un camiò

COURIR corre

CUISINER scucinà

CHANTER cantà

Charles et Catherine cueillent des petits cailloux et des coquillages de toutes les couleurs.

Trà Carlu è Catalina coglienu pitrucelle è curnicelli d'ogni culore.

Au cirque, un clown jongle avec des casseroles.

À u circulu, un trapagliacciu ghjoca cù e cazzarole.

À LA CAMPAGNE in campagna

un drapeau
una bandera

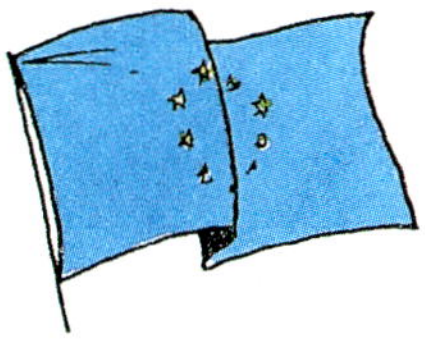

un dauphin
un delfinu

un diamant
un diamante

un dindon
un ghjallinacciu

une dent
un dente

du dentifrice
dintìfrice

un dinosaure
un dinosauru

un dé
un tassellu

un dragon
un dragone

un jeu de dames
un ghjocu di dama

DANSER ballà

DESSINER disignà

DORMIR dorme

Denis dépose des documents sur le bureau.

Diunisu spone ducumenti á nantu à u scagnu.

Les digitales sont de drôles de fleurs !

Sò fiori strani i sciucchetti.

e

une étoile de mer
una stella marina

un écureuil
un scurriolu

une épée
una spada

une épuisette
un gambaraghju

un escargot
una lumaca

un entonnoir
un umbutu

une encyclopédie
una enciclopedia

une épingle à tête
un puntarolu

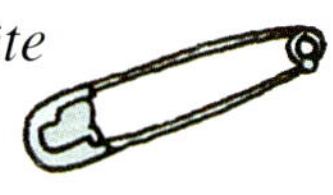

une enclume
una incudine

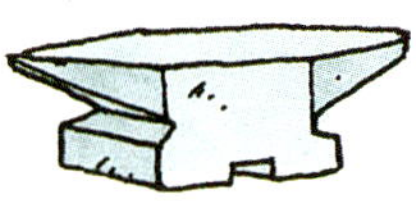

une échelle
una scala

ÉCRIRE scrive

EMBRASSER basgià

ESSUYER asciuvà

Un épouvantail sert à effrayer les étourneaux.

Un spavechju ghjova da fà a paura à i sturnelli.

Des enfants jouent sur la place de l'Église.

Uni pochi di zitelli ghjocanu in piazza à a ghjesgia.

L'ÉCOLE a scola

un feu
un focu

une fusée
una fusea

une fourmi
una furmicula

un fusil
un fucile

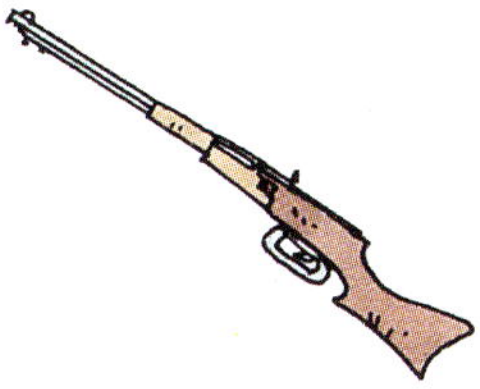

du fromage
casgiu

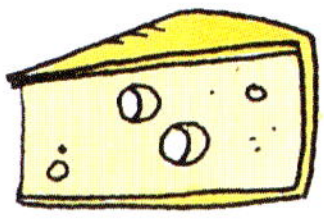

un fer à repasser
un farru da stirà

du fil
filu

une flûte
un fiavitu

un fauteuil
un carrigone (sedione)

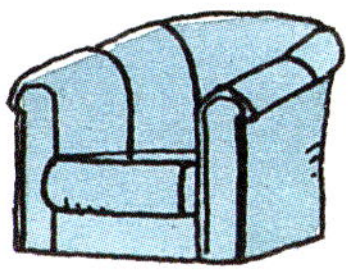

une faux
una scurriata *o* una furlana

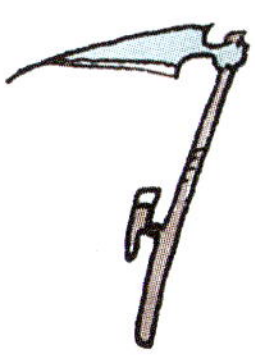

FONCER Andà lestru

FUIR scappà *o* fughje

FILMER filmà

Le fermier retourne le foin avec sa fourche.

U campagnolu volta u fenu cù a forca.

Le fumet du repas met l'eau à la bouche à François.

A fumata di a manghjusca, à Francescu, li mette l'acqua in bocca.

LA FORÊT a furesta

g

une grenouille
una ranochj

un gâteau
torta

du genêt
ghjinestra

un gland
una ghjanda

une guitare
una ghitara

un gouvernail
un timone

une gazelle
una gazella

un goéland
una acula marina

du gui
u vischju

un gorille
un gurillu

GONFLER inbuffà

GRONDER litticà

GRIMPER Arrampicassi

Guy regarde de gros galets sur la grève.

Guidu fideghja e cote maio à nantu à a rena.

Georges goûte gaiement le gratin d'aubergines.

Ghjorghju assaghja cù piacé l'incrustulitu di merzane.

LE GOÛTER A miranda

h

un haricot vert
un fasgiolu

un homard
un luccapante

un hérisson
un ricciu

une horloge
un riloghju

un hameçon
un amu

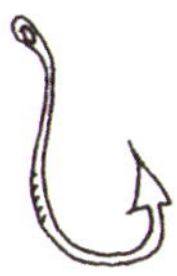

un hippopotame
un ippuputamu

une hirondelle
una rundinella

une huître
una ostricia

un harmonica
un sunettu

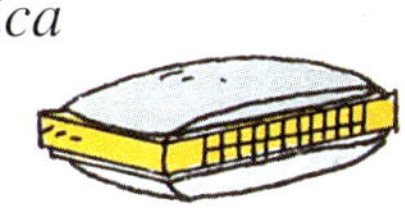

S'HABILLER vestesi

HURLER briunà *o* urlà

HÉSITER trallacca

Henri a harnaché le cheval qui hennit.

Riccu hà messu i furnimenti à u cavallu chì frumiteghja.

Les hirondelles volent autour du hêtre.

e rundinelle vulanu intornu à u faiu.

L'HIVER L'invernu

i j k

un igloo
un iglù

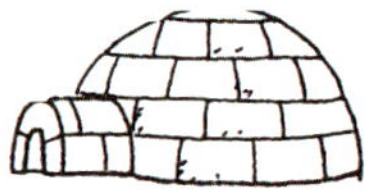

une île
una isula

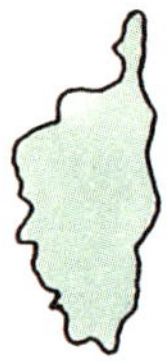

un interrupteur
un intarruttore

un jouet
un ghjoculu

des jumelles
cannuchjali

du jambon
prisuttu

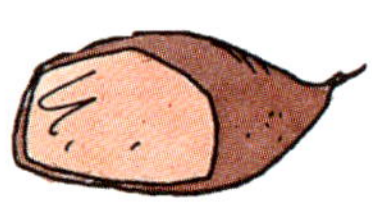

une jupe
una gunnella
o una rota

une borne
un tarmine

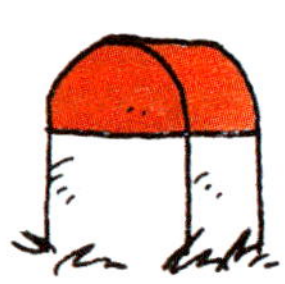

un klaxon
un cornu

un kangourou
un cangurù

INTRODUIRE ficcà
o fà entre

JETER ghjittà

JOUER ghjucà

L'institutrice montre une image très intéressante.

a maestra face vede
una figura intarissante assai.

Irène a acheté un journal au kiosque.

Irena hà compru un ghjurnale à u chioscu.

AU JARDIN à u chjosu

la lavande
u spigu

une loupe
una luppa

une louche
una cochja

une langouste
una aligosta

une locomotive
una lucumutiva

un litre
un litru

un léopard
un liupardu

un livre
un libru

une libellule
una filangrocca

un landau

una vitturella da e criature

LAVER lavà

LANCER frumbulà *o* lampà

LIRE leghje

Sans ses lunettes, Luc ne peut pas lire les petites lettres.

Senza spichjette, Lucca ùn pò micca leghje e lettare chjuche.

Les lézards aiment rester longtemps au soleil.

À e buciartule, li piace assai à tendesi à u sole.

AU CLAIR DE LUNE
A'chjar'di luna

m

un mouton
una pecura

une moule
un musculu

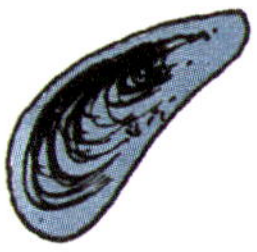

une maison
una casa

un mulet
un mulu

un miroir
un spechju

un marteau
un martellu

une montre
un riloghju

un moulin à eau
un mulinu

un melon
un milone

une méduse
una carnazza

MARCHER marchjà

MANGER manghjà

MESURER misurà

Un jeune mousse se repose sur u magnifique malle.

Un marinaru zitellu si riposa nantu à un billissimu baullu.

Un mouflon marche dans l maquis.

una mufra viaghja in la machja.

LES MARINS i marinari

un nœud
un nodu

une note
una nota

un nid
un nidu

une noix
una noce

une niche
una nichja
o un ascosu
pè i cani

un os
un ossu

un oreiller
un cuscinu

une oie
un oca

un œuf
un ovu

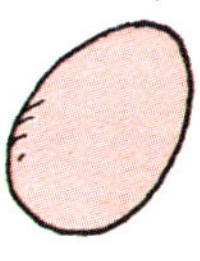

de l'orge
orzu

NAGER nutà

NAVIGUER navicà

OBÉIR ubbidisce

L'écureuil fait sa réserve de noix et de noisettes pour l'hiver.

U scurriolu face a so pruvista di e noce è di nucelli pè l'invernu.

Octavie prépare une omelette avec trois œufs et un oignon.

Tavia appronta una frittata cù trè ove è una cipolla.

LE PÔLE NORD U polu di u nordu

p q

une poule
una ghjallina

une poire
una pera

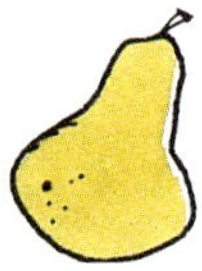

un pinceau
un pinnellu

un papillon
una ciatta

une pipe
una pippa

un pigeon
un culombu

un poussin
un piulellu

un parapluie
un paracqua

une queue
una coda

un quartier d'orange
un spechju d'aranciu

PEINDRE Pitturà

PLEURER Pienghje

QUITTER Lascià

Un poulain se roule dans la paille.

Un poltru si vultula in la paglia.

Les enfants du quartier jouent aux quilles sans se quereller.

I zitelli di u carrughju ghjocanu à i birilli senza litticà si.

AU PORT Nantu à u port

un rat
un topu

une ruche
un bugnu

un râteau
un rastellu

une radio
una radiu

un requin
un cagnacciu

una ravanotta

un radis

une rose
una rosula

du raisin
uva

un robinet
un rubinettu

une règle
una riga

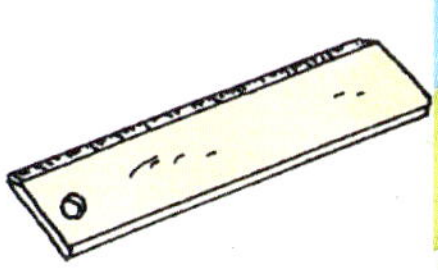

RÉCOLTER coglie

REGARDER fighjà

RIRE ride

Le roi offre un rubis resplendissant à la reine.

U rè dà à a rigina un rubinu chì splende.

Le renard traverse la route.

A volpe arrochja u stradone.

LA RIVIÈRE u fiume

S

un sanglier
un cignale

un serveur
quellu chì serve

une scie
un sarraghjattulu

une souris
un tupichjulu

le soleil
u sole

une sardine
una sardina

un sifflet
un fiscu

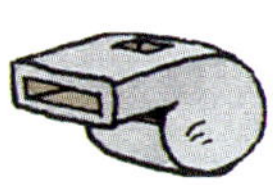

un sac
un saccu

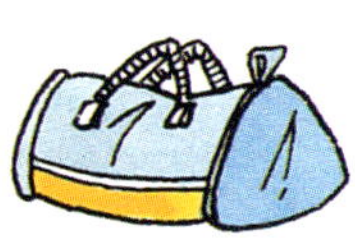

une secrétaire
una sicritaria

du saucisson
salticcia

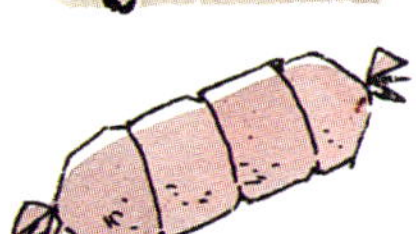

SAUTER saltà

SIFFLER fiscà

SENTIR sente

Sébastien se promène sous les sapins avec les souliers de randonnée.

Bastianu a si spasseghja sottu à i ghjallichi cù i so scarpi grossi.

Stéphane joue avec sa pelle et son seau sur le sable.

Stefanu ghjoca cù a so paletta è u so bidunellu à nantu à a rena.

LA SALLE DE BAIN A sala di bagnu

une taupe
una talpa

un tonneau
una botte

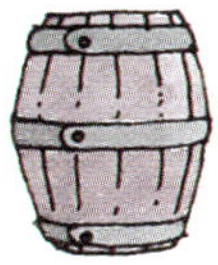

un téléphone
un talefonu

une tulipe
un tulipanu

une toupie
un rigulì

une tomate
una pumata

un téléviseur
un televisore

un timbre
una franchizia

un taureau
un toru

un tournevis
un tornavita

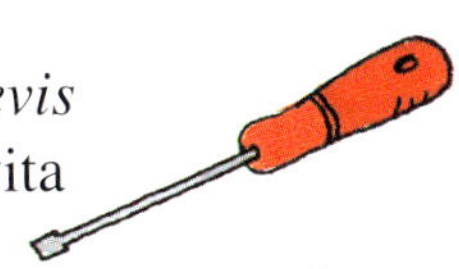

une trompette
una trumbetta

TRACER traccià

TRAVERSER francà

TOMBER cascà

Thomas laboure la terre avec son tracteur.

Tumasgiu lavora cù u so trattore.

L'enfant est monté sur un tabouret et il tente d'attraper sa tirelire.

U zitellu s'hè coltu à nantu à un trappu è prova à piglià u so tenisoldi.

LES JEUNES TALENTS l'artisti novi

u v w x y z

une urne
un urna

un uniforme de marin
una tinuta di marinaru

un voilier
una barca cù e vele

un vélo
una bissicletta

une voiture
una vittura

une vache
una vacca

une vague
un marosulu

un wagon
un vagone

la vaisselle
i piatti

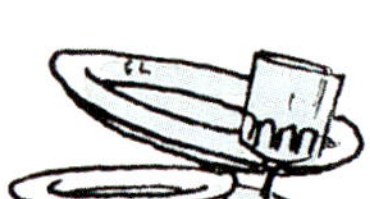

une vipère
una vipara

UTILISER Aduprà

VOLER vulà

VISITER visità

Un walk-man n'est pas suffisant contre le vacarme de cette usine.

Da ùn sente u trustu di st'usina un walkmann ùn basta.

Voici les vacances. Ce week-end, Vincent part en voyage avec sa vieille valise.

Sò e vacanze. Stu week-end, Vincente move cù a so valisgia vechja.

AU ZOO à u zoo

Bonjour !
salute

Au revoir !
avvedeci,

À demain !
à dumane

À bientôt !
à prestu

À la prochaine !
à a prussima volta

Bonne nuit !
bona notte

À votre santé !
à a salute

Bonne fête !
bona festa

Joyeux anniversaire !
bon anniversariu

Bonne année !
pace è salute

Joyeux Nöel
bon natale

Joyeuses Pâques !
bone pasque

Merci !
à ringrazià vi

Ça va ? Oui, ça va !
Cumu stai? Và bè...
ùn ci hè male…

Il fait beau aujourd'hui ?
Non.
ma chì bellu tempu oghje,
chè?

Excusez-moi !
Scusatemi

S'il vous plaît !
per piacè

Je ne comprends
pas pourquoi.
ùn capiscu micca
per ciò ch'ella hé

Lequel prendre ?
qualessu avaraghju
da piglià?

Qui est là ?
Quale hè?

Quand Jeanne sera-t-elle
chez elle ?
Quandu ci hà da esse
in casa Ghjuvanna ?

Où va-t-il ?
Inde và?

Combien d'enfants
y a-t-il ?
Zitelli quantu ci ne hè ?

Allô ! C'est moi, Pierre !
O, sò eiu, sò Petru !

Attention !
Attente !

Aïe !
Je me suis fait mal !
Uh dia !
Mi sò fattu male !

Ah !
Vous m'avez fait peur !
Anh!
M'avete fattu a paura !

Qu'est-ce que c'est ?
Chì hè?

Là-bas, c'est ma
petite maison.
Quallà hè a
mo casuccia.

Bravo ! Il a réussi.
Bravu ! hè rüsciuttu !

Les nombres : I Chiffri

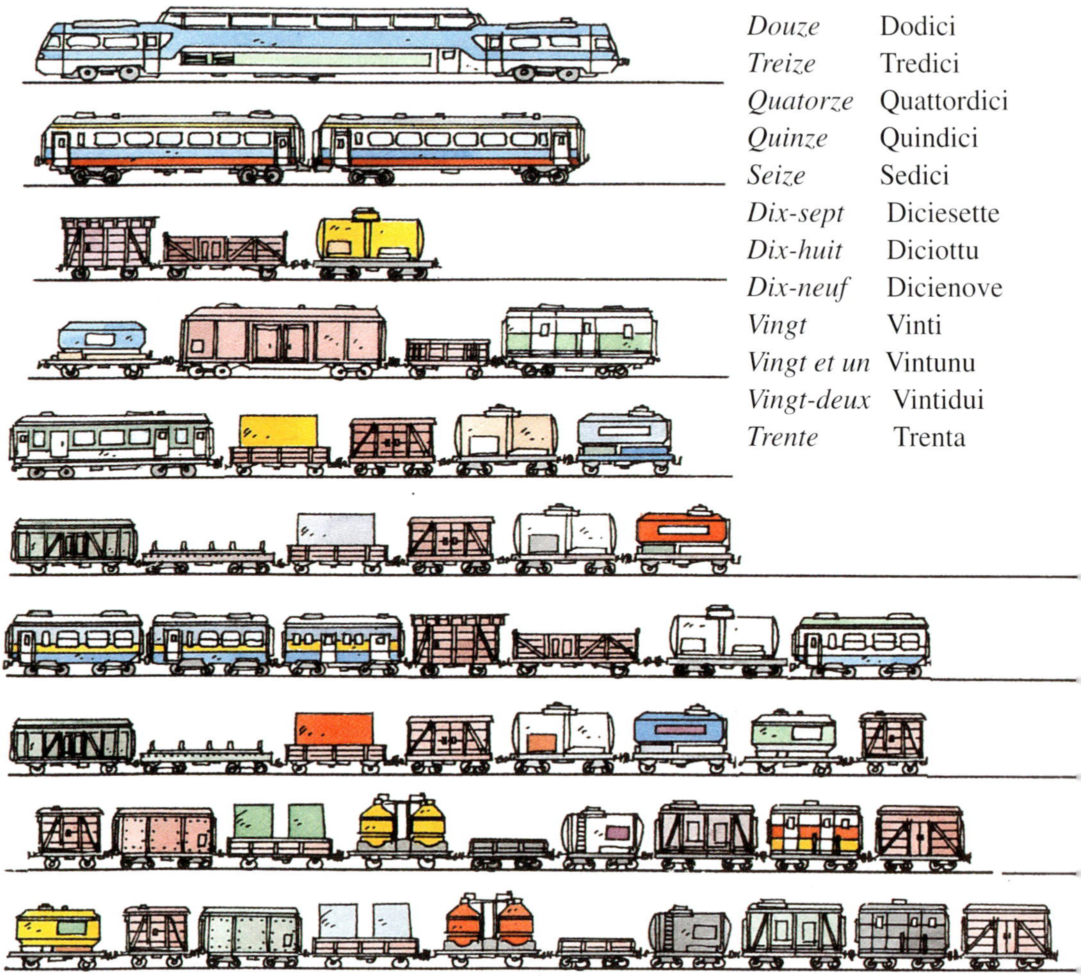

Un	Unu
Deux	Dui
Trois	Trè
Quatre	Quattru
Cinq	Cinque
Six	Sei
Sept	Sette
Huit	Ottu
Neuf	Nove
Dix	Dece
Onze	Ondici
Douze	Dodici
Treize	Tredici
Quatorze	Quattordici
Quinze	Quindici
Seize	Sedici
Dix-sept	Diciesette
Dix-huit	Diciottu
Dix-neuf	Dicienove
Vingt	Vinti
Vingt et un	Vintunu
Vingt-deux	Vintidui
Trente	Trenta

Quarante	Quaranta	*Cinquante*	Cinquanta	*Soixante*	Sessanta
Soixante-dix	Settanta	*Quatre-vingts*	Uttanta	*Quatre-vingt-dix*	Nuvanta
Cent	Centu	*Mille*	Mille		

Les couleurs : i culori

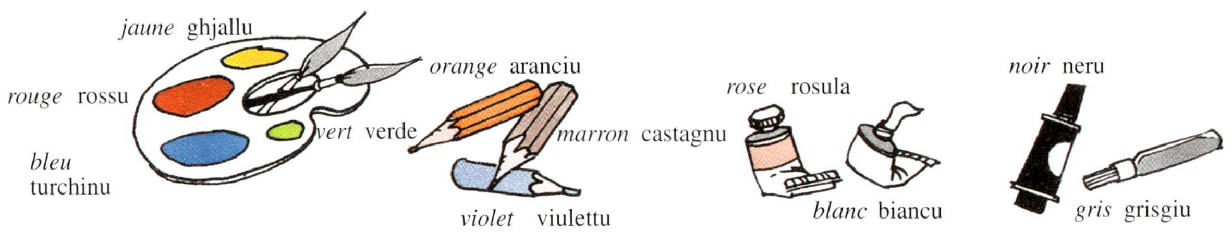

Les formes : e forme

un rond	*un carré*	*un triangle*	*un rectangle*	*l'ovale*	*un losange*
un tondu	u quatratu	un triangulu	un rittangulu	l'uvale	u rombu

la tête u capu

le front u fronte
les yeux l'ochji
la bouche a bocca
le ventre u corpu
les jambes e ghjambe

les cheveux i capelli

le menton u bavellu
une oreille una arechja
les pommettes i merli
le cou u collu

les sourcils i cigli
le nez u nasu
les dents i denti
la langue a lingua

la taille a vita

les bras e bracce
les aisselles l'ascelle
les cuisses e cosce

les hanches i fianchi
les épaules e spalle
le coude u ghjovitu
les genoux e ghjinnoche
le mollet u pesciu di a ghjamba

la nuque u tupezzu
le dos u spinu
les fesses e cule

la main a manu

les doigts e dite
les ongles l'unghje

l'index l'indice
le pouce u ditu grossu

le majeur u mezanu
l'annulaire l'anillariu
l'auriculaire u ditu mignulu
la paume a palma

le pied u pede

les doigts de pied e dite di i pedi

le gros orteil u ditu grossu di u pede
la cheville u talorcu

le talon u calcagnu

Les vêtements : i panni

un pantalon
u pantalone
o e braghe

slip
u calzunettu

un bonnet
un barrittinu

un pull-over
un triccò

des chaussettes
e calzette

une écharpe
a sciarpa

une robe
un vistitu

un manteau
un mantellu

des gants
i guanti

une jupe
una gunella
o una coda

un blouson
un bilusò

une cravate
una cravata

une chemise
una camisgia

une veste
una ghjacchetta

une ceinture
un currighjolu

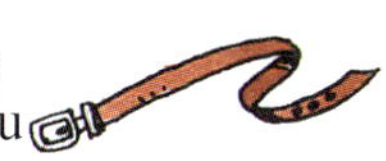

une casquette
una barretta

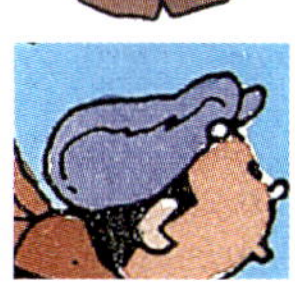

des bottes
stifali

un maillot de corps
una maglietta

un mouchoir
u mandile

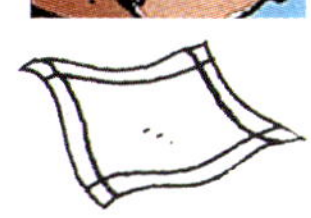

des chaussures
scarpi

un short
un calzone cortu

un chapeau
un cappellu

des chaussons
ciavatte

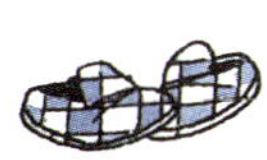

La journée : a ghjurnata

il est 1 heure : hè una ora
il est minuit : hè mezanotte

quelle heure est-il ?
Chi ora hè ?

huit heures moins cinq
sò ottu menu cinque

il est midi
hè meziornu

il est trois heures et demie
sò trè ore è mezu

il est sept heures et quart
sò sette ore è un quartu

le matin	*le midi*	*l'après-midi*	*le soir*	*la nuit*
a mane	miziornu	u dopu miziornu	a sera	a notte

La semaine : a settimana

lundi	*mardi*	*mercredi*	*jeudi*	*vendredi*	*samedi*	*dimanche*
luni	marti	marcuri	ghjovi	vennari	sabatu	dumenica

Les quatre saisons : e staghjone

le printemps	*l'été*	*l'automne*	*l'hiver*
u veranu	l'estate	l'auturnu o u vaghjime	l'invernu

Les mois : i mesi

janvier	*février*	*mars*	*avril*	*mai*	*juin*	*juillet*	*août*	*septembre*	*octobre*	*novembre*	*décembre*
Ghjinnaghju	farraghju	marzu	aprile	maghju	ghjunghju	lugliu	aostu	sittembre	uttobre	nuvembre	dicembre

Les fêtes : e feste

Noël	Natale	*l'anniversaire*	l'anniversariu
Pâques	Pasqua	*le Jour de l'an*	capu d'annu

Le temps qu'il fait : u tempu ?

le vent	*la neige*	*le soleil*	*la pluie*	*la brume*	*l'orage*
u ventu	a neve	u sole	l'acqua	a nebbia	u timpurale

grand maiò — *petit* chjucu

lent losciu — *rapide* lestru

chaud caldu — *froid* freddu

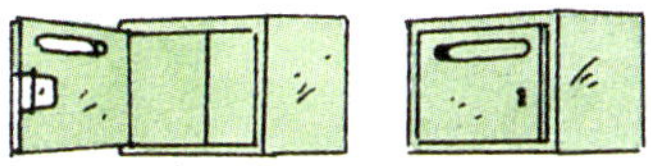

ouvert apartu — *fermé* sarratu

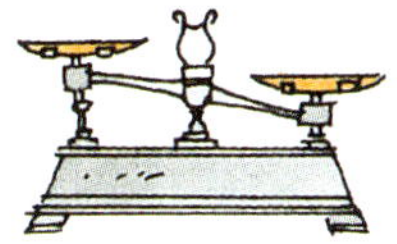

lourd pisìu — *léger* ligeru

propre pulitu — *sale* bruttu

peu pocu — *beaucoup* assai

neuf novu — *usé* frustu

long longu — *court* cortu

triste tristu — *gai* cuntentu

maigre magru — *gros* grossu

monter cullà — *descendre* falà

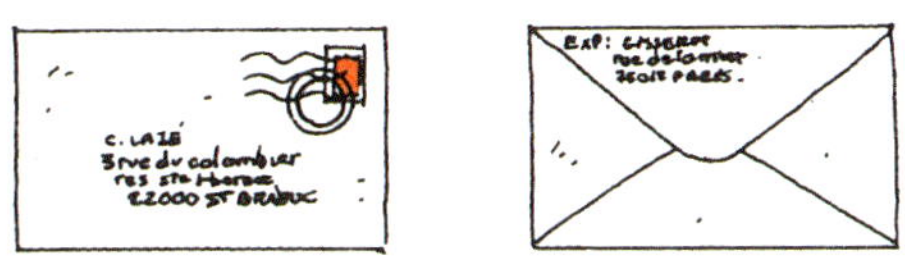

face (recto) da davanti — *dos (verso)* da daretu

vide viotu — *plein* pienu

éteint spentu — *allumé* accesu

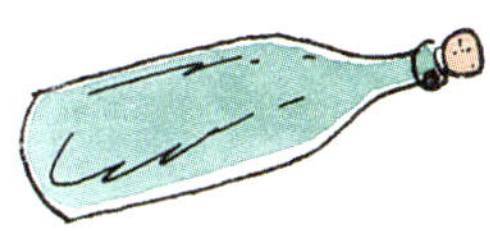

large largu — *étroit* strettu

L'espace : u spaziu

et aussi	è ancu
au fond	in fondu
autour	in giru
à côté	à cantu, a fiancu
là-bas	quallà
ici	quì
entre	trà
au milieu	da mezu

La famille : a famiglia

les parents — i genitori

les enfants — i figlioli

les grands-parents — i caccari

les cousins — i cucini

le papa — u babbu
la maman — a mamma
le fils — u figliolu
la fille — a figliola
le bébé — una criatura *o* u ciucciu
le grand-père — u babbone *o* u missiavu
la grand-mère — a mammona, a minnanna
la tante — a zia
l'oncle — u ziu
la cousine — a cucina
le cousin — u cucinu

La maison : a casa

le toit — u tettu
la cheminée — u caminu
la boîte à lettres — a scatula pa e lettare
le potager — l'ortu

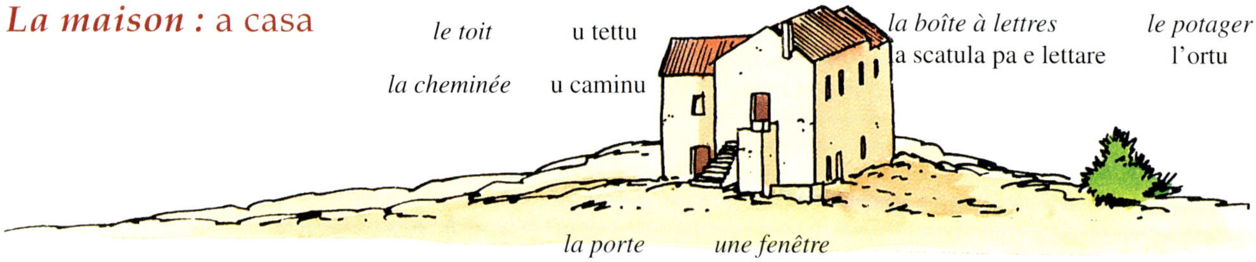

la porte — a porta
une fenêtre — un purtellu

Les pièces de la maison : e pezze di a casa

le grenier — u sulaghjolu

la salle de bain — a sala di bagnu
la baignoire — a bagnarola
le lavabo — u lavabò
les toilettes — u cabinettu
la chambre — a stanza
l'armoire — l'armariu
le lit — u lettu
la table de nuit — a tavula da notte
la cuisine — a cucina
le réfrigérateur — u rifritoghju
la cuisinière — a cucinara
l'évier — u lavellu
la salle de séjour — a sala
l'escalier — a scala
le buffet — a credenza

Dans la cuisine : in cucina

une assiette — un piattu 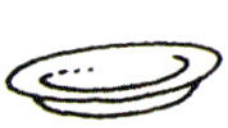
un verre — un bichjere 
une fourchette — una furcina 
une cuillère — una cuchjara 
une bouteille — a buttiglia 
une casserole — una cazzarola 
une poêle — una frissoghja 
une marmite — una pignatta 
un saladier — una vanchjera 
un couteau — un cultellu 
un bol — un cuppetta 
une tasse — una tazza 

le petit déjeuner
u sdighjunu

du café
caffè

du lait
latte

du thé
tè

des biscuits secs
i canistrelli

du pain
pane

du beurre
butiru

de la confiture
cunfittura

un jus de fruits
fruttu pestu

du sucre
zuccaru

le déjeuner (midi)
a cullazione

de la charcuterie
carne purcina

des crudités
robba cruda

la viande
a carne

de la volaille
u pullastru

des légumes
legumi

des pâtes
paste

des tomates
pumate

des fruits
frutta

un gâteau
torta

la boisson
a bebbita

le dîner (soir)
a cena

une soupe
una suppa

la salade
insalata

des œufs
l'ove

des fruits de mer
robba di mare

du poisson
pesciu

du riz
risu

du jambon
prisuttu

des beignets
frittele

des fromages
casgi

du laitage
latticiame

et aussi **é ancu**

le sel
u sale

le poivre
u pevaru

du thym
arba barona

l'huile
l'oliu

le vinaigre
l'acetu

des olives
l'olive

de la moutarde
mustarda

du persil
u petrusellu

de l'ail
agliu

du chocolat
cicculata

des biscuits
biscuttini

du nougat
amandulata

Les fruits : a frutta

un abricot — una baracucca
une banane — una bananna
des cerises — chjarasge
un citron — un limone
une fraise — una fravula
une framboise — un rubu
un melon — un milone
une noix — una noce
une orange — un' aranciu
un pamplemousse — un limunone
une pomme — una mela
une pêche — una parsica
une pastèque — una pateca
une prune — una prugnula
du raisin — uva

Les légumes : i lecumi

l'asperge — u sparaciu
une tomate — una pumata
une carotte — una carotta
du céleri — u sellaru
une courgette — un zucchinu, una zucchetta
un poivron — un pevarone
des pois chiches — i ceci
des haricots verts — vaghjine
un navet — un navone
un oignon — una cipolla
des petits pois — piselli
une pomme de terre — un pomu
un poireau — un porru
un radis — una ravanetta
de la salade — insalata

Fleurs et plantes du maquis : fiori è arburatura di a machja

une anémone — una anemona
des bleuets — turchinelli
de la bruyère — scopa
un chardon — un cardu
un coquelicot — u papavaru
du genêt — ghjinestra
un asphodèle — u talavellu
un hortensia — un ortensià
une marguerite — una pratellina
un œillet — un carofanu
un genévrier — un ghjineparu
un pissenlit — un nattarellu
une primevère — una primula
une rose — una rosula
une violette — una viola

Les animaux : l'animali

Les mammifères : i mammiferi

un blaireau
un tassu

un buffle
un bufalu

un loir
una ghjira

un chameau
un camellu

une chèvre
una capra

un porc
un porcu

un éléphant
un alifante

une girafe
una giraffa

une souris
un tupichjulu

un lama
un lamà

un lion
un lione

un loup
un lupu

un ours
un orsu

un rhinocéros
un rinoceru

un tigre
un tigaru

Les oiseaux : l'acelli

une bécasse
una biccazza

une caille
una quaglia

un coq
un ghjallu

un merle
una merula

un goéland
una acula marina

une hirondelle
una rundinella

un paon
un paone

une perdrix
una parnice

un pigeon
un culombu

un rouge-gorge
un pettirossu

Les insectes : i insetti

une abeille
una apa

une fourmi
una furmicula

un moustique
una zinzala

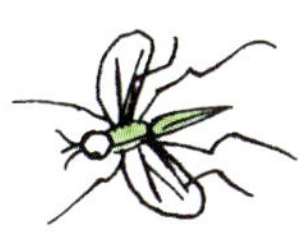

une mouche
una mosca

Les poissons : i pesci

un anchois
una anchjuva

une rascasse
una scorpina

un bar
una ragnola

un hippocampe
un cavallucciu marinu

la morue
baccala

une raie
una raza

un thon
un tonnu

Les crustacés : i crustacei

une langouste
una aligosta

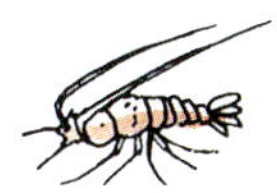

le crabe
un ganciu

le calamar
un totanu

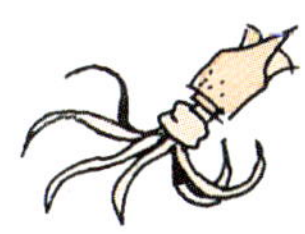

Les reptiles : i rettìli

la tortue
a cupar chjata

le crocodile
u cuccudrillu

le lézard
a buciartula

un serpent
un sarpu

La ville, la rue et les commerces : A cità, e strette, i cummerci

Les services : i servizii

le centre-ville
u centru
di a cità

la mairie
a casa cumuna

l'église
a ghjesgia

l'école
a scola

la poste
a posta

l'hôpital
u spidale

la gendarmerie
a giandarmaria

la caserne des pompiers
a caserna di i spegnifocu

le musée
u museu

la bibliothèque
a bibliuteca

le stade
u campu di ballò

la piscine
a pissina

la gare
a gara

l'aéroport
l'aeruportu

Les magasins : e butteche

la boulangerie
u panatteru

la pâtisserie
a pastizzaria

la boucherie
u macellu

l'épicerie
a butteca

la poissonnerie
a butteca di u pisciaghju

le bar
u caffè

le restaurant
u ristorante

l'hôtel
l'ottellu

le salon de coiffure
a butteca di u pilucchieru

la station-service
a pompa

la banque
a banca

la librairie
a libraria

la bijouterie
u ghjuvillaria

le magasin de vêtements
a butteca di i panni

le magasin de chaussures
a butteca di i scarpi

Les métiers : i mistieri

le boulanger
u panitteru

le pâtissier
u pastizzeru

le boucher
u macillaru

l'épicier
u butticaghju

le poissonnier
u pisciaghju

le barman
quellu chì serve

le cuisinier
u cucinaru

le veilleur
u guardianu

le coiffeur
u pilucheru

le garagiste
u garasgistu

le banquier
u bancheru

le libraire
u libraghjolu

le bijoutier
u ghjuvillariu

le vendeur
u vindidore

le marchand
u marcante

le médecin
u duttore

l'infirmière
a infirmiera

l'opticien
u spicialistu di l'ochji

le dentiste
u dintistu

le maçon
u maestru di muru

le jardinier
u giardinaru

l'électricien
l'eletricistu

le menuisier
u bancalaru

le plombier
u piumbieru

le peintre
u pittore

le chanteur
u cantadore

le photographe
u fotografu

le mécanicien
u miccanicu

l'agriculteur
l'agricultore

le camionneur
u sciuffore di camiò

U Boie Milellu

Una fola di Ghjuvan Ghjaseppiu FRANCHI[1]

Una volta c'era un puvarellu chì lavurava u chjosu di u fratellu. Ellu era povaru ma u fratellu no chi s'era ben immaritatu.

E'u povaru li facia da servu.

Quellu ghjornu, u stantaghjolu sente una voce :

Voli ch'ellu morga
To fratellu
O voli ch'ellu morga
U boie Milellu ?

" Comu ? Comu ?... "

A voce torna à di :

Voli ch'ellu morga to fratellu
O voli ch'ellu morga u boie Millelu ?

" U boie sicura ! " fece u povaru omu (vulete fà u paragone trà una fera è un cristianu ?...)

U boie piglia è casca seccu culà...

L'omu ghjunghje in casa è conta u fattu à u fratellu " Cusì è cusì... u boie hè mortu ! "

- Hè mortu ? Comu ai fattu ! ! Ai tombu u boie chi ùn era mancu meiu, u boie ch'e avia à rindutu... Allora hà da tuccà à me à pagà u rindutu è ancu u boie in soprà più ?...

- Vulìi ch'e dassi à tè ?

- Andaremu à facci sente in tribbunale !

E'partenu, i dui fratelli.

Par istrada, trovanu un carrittere chì briunava : " Cuncurrite o paisani !... Cuncurrite chi sò arruvinatu ! "

Quellu disgraziatu avìa a so mula infalzaghjinata tantu è tantu chi ùn affaccava più cà a coda...

U fratellu riccu camina capi rittu.

U povaru, caritatosu, inguanta a coda chì affaccava. E's'incrocca. E'traie, è traie... a mula a franca, ma li strappa a coda !

Tandu u carritere :

- Ai arruvinatu a me mula !

- Comu ? L'aghju franca a to mula, senza di me...

- Chì n'aghju più da fà d'una mula codi mozza ? Voli ch'elli mi ghjochinu à a risa ?... Andaremu à facci sente à u ghjudice !

E'tira è tocca. Duie tribunalate !

Ghjunghjenu ind'un paese è so allughjati da un cucinu di i dui fratelli. U riccu è u carritere sò invitati à tavulinu : c'era pullastru è robba bona.

U puvarellu, quellu, si ne manghja in cucina, solu cum'è un ghjacaru.

A campa chì a moglia l'avia messu in la brisacca una manata di pisticcine. E si manghjava, senza livà u soiu à nissunu. Di u pranzu, ellu ne avia a fumata : li bastava ! Ori a moglia di quellu parente aspittava famiglia. Passendu è vinendu in cucina li vene UNA VOGLIA DI PISTICCINE !

A livà u buccone à un disgraziatu chi voi ùn avete mancu lasciatu calà à tavulinu, vene male... Ma e voglie d'una donna incinta, oh !...

A donna, piglia è si sconcia !

U maritu in bagaferia :

- HAI FATTU SCUNCIA À ME MOGLIA !

- Ma Comu ? Ma Comu ?... Parch'ùn la dumandava una pisticcina ?...

- Alè, alè... in tribunale !

" Ohimè ! pinsava quellu tintu, cun tutte isse colpe à chjave di collu sò leccu...

Hè ancu megliu che' mi tombi subitu subitu.

Ghjuntu à un ponte, si lega davanti à l'ochji un mandigliulu à cuadretti turchini, è si lampa sottu.

Or bella via ! Sottu à u ponte, c'era... un frate chi " facìa di so asgiu " !

L'omu li si tira addossu é u tomba !

Avà mi...

Affaca u superiore di u cunventu :

- Ai tombu u me frate ! O disgraziatu !... Sarè cundannatu à morte !

- Ma minà... ma minà...

- Subitu à u ghjudice !

E' partenu.

Ghjunghjenu davanti à u ghjudice. U prima affare era quellu di u boie :

- Allora, disse u ghjudice, avete tombu u boie Milelu ?

- Ma nò, o Sgiò ghjudice...hè stata cusì è cusì... aghju intesu una voce... Avìa da lascià more à me fratellu ?

- Hè po vera face u ghjudice : li francate a vita è ellu vi porta in tribunale ! Pagate u vostru boie, (cusì disse à u fratellu riccu) è ringraziate puru à vostru fratellu !

Vene l'affare di a mula.

- A me mula chi era cusì bella... minà ciò ch'ella pare !

U paisanu conta u casu : " aghju traiutu è traiutu, è l'aghju franca... "

D'infatti, disse u ghjudice à u carritteru, a mula scumparisce !

- Un hè ?

Ah iè.Cusì ùn là pudete tene. A darete à quellu chi l'hà franca E'CH'ELLU A TENGA FIN'A CH'ELLA LI NASCA A CODA !

Imbeh !

Ghjunghjenu à l'affare di a donna sconcia.

- Comu hè andata ? dumanda u ghjudice.

- Cusì è cusì... elli manghjavanu u pullastru... Avia da sapè eiu chì a donna fussi in brama di pisticcine ?

- Imbeh imbeh, disse u ghjudice CIÒ CHÌ HÈ SCONCIU. SOGNA AD ACCUNCIALLU !... lè : u culpevule hè cundannatu... A RIMETTE A DONNA ACCONCIA CUM'ELLA ERA !

Voi, u maritu, a li darete fin'à ch'ella venga acconcia !

U maritu, bracci spartu :

- Ah nò, o Sgiò ghjudice, ah nò !...

U Ghjudice : " Allora comu femu ? "

-Piuttostu li dò CENTU MARANGHINI !

- hè detta...

L'affare di u frate era un affaracciu. C'era micidiu...

- Eiu mi vulia tumbà, o Sgiò ghjudice... u frate era sottu... mi dispiace...

- A MORTE ! fece u ghjudice.

... ? !

- Iè. Sete cundannatu à morte ! Andarete à incruccavvi ottu à u ponte propiu cum'ellu era u tintu frate, è voi, u superiore, vi tirarete addosu è u tumbarete !

Ma à u superiore, issa manera li garbava pocu :

" E'SI NON LO CHJAPPO ? "

- Si voi ùn lu chjappate, pezzi ! A' saltà vi tocca !

- Ma nò, ma nò... li darò danari, li darò danari !

- Allora sintitevi cun ellu !

E' u puvarellu, invece d'esse cundannatu si ne volta in casa carcu di soldi.

[1] Extrait de *E fole di Mamma* avec l'aimable autorisation de l'auteur

A ringrazià à : Ghjuvan Maria Arrighi, Dumenicantone Geronimi, Ghjuvan Ghjaseppiu Franchi, Dumenicu Ottavi.

Senza elli...

Lucia Memmi & Lucia Santucci

 Achevé d'imprimer par Pollina Luçon 85 n°83006

Fabriqué en France